AMAZING PIXEL COLORING

ARCTURUS

ARCTURUS

This edition published in 2024 by Arcturus Publishing Limited
26/27 Bickels Yard, 151–153 Bermondsey Street,
London SE1 3HA

Cover Art: Dan Crisp
Interior Art: Shutterstock
Design and Editorial: Lucy Doncaster
Managing Designer: Rosie Bellwood
Managing Editor: Joe Harris

ISBN: 978-1-3988-4439-1
CH012232US
Supplier 29, Date 0624, PI 00006479

Printed in China

How to use this book

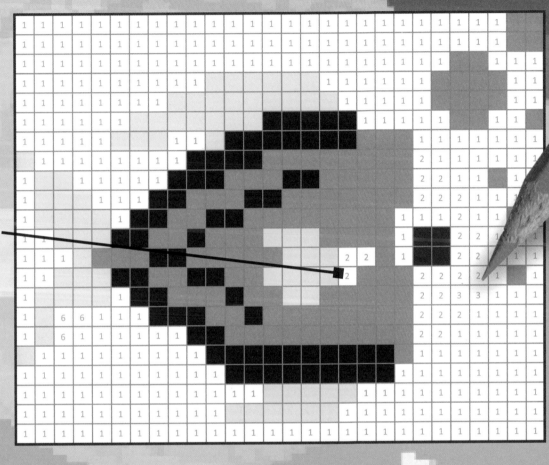

1. Choose a numbered square to color.

3. Color the square with a matching pencil, pen, or crayon.

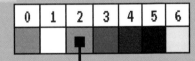

0	1	2	3	4	5	6

2. Use the key to match the number to the color.

You can find all the solutions on pages 87–96!

Animal Antics

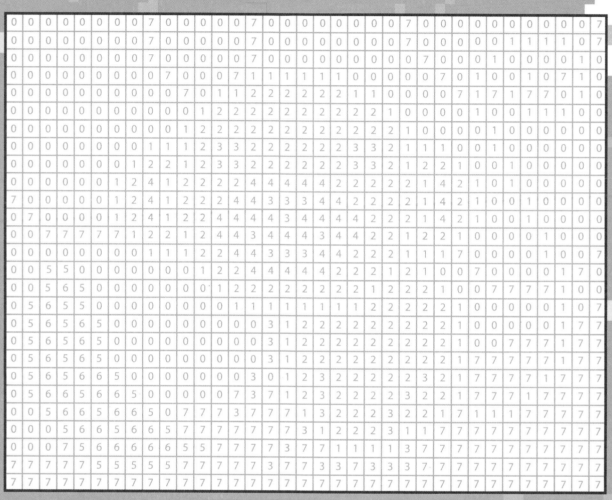

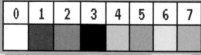

Did you know?

An animal like this, named Albert I, was launched into space in 1948 on board a V-2 rocket.

City Life

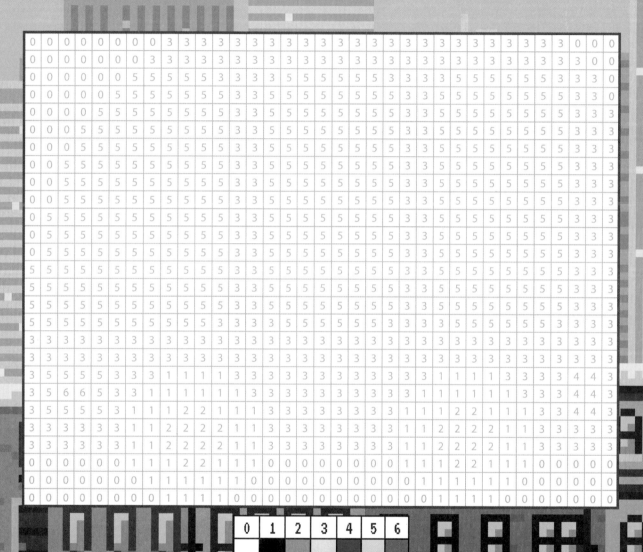

0	1	2	3	4	5	6

Into the Ocean

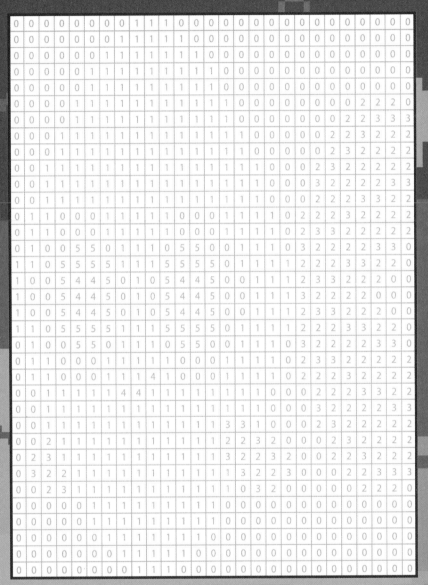

0	1	2	3	4	5

Did you know? Cables running across the ocean floor carry up to 99 percent of the data that is sent around the world.

Cosmic Encounter

0	1	2	3	4

Rise
High

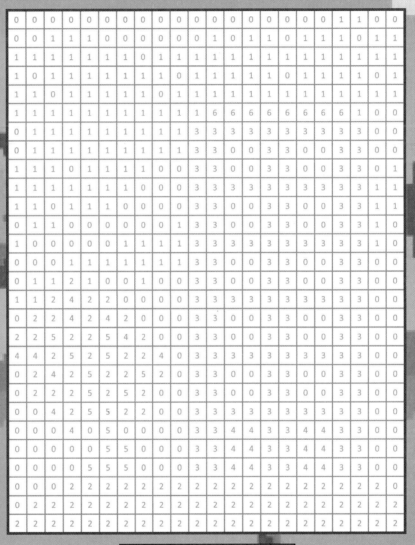

0	1	2	3	4	5	6

Watch Me Grow

1	1	1	1	1	1	1	1	1	1	0	0	0	0	0	0	0	0	0	0	0	0	0	0	0
1	1	1	1	1	1	0	0	0	0	0	0	0	0	0	3	3	0	0	0	0	3	3	0	
1	1	1	1	1	0	0	0	0	0	0	3	0	3	3	3	3	0	0	3	3	0	0		
1	1	1	1	0	0	0	0	0	0	3	0	0	3	3	3	3	0	3	3	3	0	0		
1	1	1	0	0	0	0	0	0	0	3	0	3	3	3	3	0	0	3	3	3	0	0		
1	1	1	0	0	0	0	0	0	0	3	0	3	3	3	0	0	3	3	0	0	0			
1	1	0	0	0	0	0	3	3	0	0	0	3	0	3	3	3	0	0	3	0	0	0		
1	1	0	0	3	3	3	3	3	3	0	0	3	0	3	0	3	0	0	3	0	0	1		
1	0	0	0	3	3	3	3	3	3	3	0	3	0	3	0	3	0	3	0	0	1			
1	0	0	0	3	3	3	0	0	0	0	3	3	0	3	0	3	0	3	0	0	1	1		
1	0	0	3	3	3	0	0	0	0	3	3	0	3	0	3	0	3	0	0	1	1			
1	0	0	3	3	3	0	0	0	0	3	3	0	3	0	3	0	3	0	0	1	1			
1	0	0	0	3	0	4	0	0	0	3	3	0	3	0	3	3	0	0	0	0	1			
0	0	4	0	0	0	0	4	0	5	5	5	5	5	5	5	5	0	5	5	5	0	0	1	
0	0	0	4	0	0	0	4	0	5	5	5	5	5	5	5	5	5	5	5	0	0	0		
0	4	0	0	4	0	0	4	0	4	5	5	5	5	5	5	5	5	5	5	5	0	0		
0	0	4	0	4	0	4	0	4	5	5	4	5	5	5	4	5	5	5	5	0	0			
0	0	0	4	0	4	0	4	4	5	5	4	5	5	5	4	5	5	5	5	5	0	0		
0	0	0	0	4	4	0	4	4	4	5	5	5	5	5	5	5	5	0	0	0				
0	0	0	6	6	6	6	6	6	6	6	6	5	5	5	5	5	5	5	0	0	0			
0	0	0	6	6	6	6	6	6	6	6	6	5	5	5	5	5	5	5	0	0	0	0		
0	0	0	6	6	6	6	6	6	6	6	6	5	5	5	5	5	5	5	0	0	0	0		
0	0	0	6	6	6	6	6	6	6	6	6	5	5	5	5	5	5	5	0	0	0	0		
0	0	0	6	6	6	6	6	6	6	6	6	5	5	5	5	5	5	5	2	2	0	0		
0	0	2	2	6	6	6	6	6	6	2	2	5	5	5	5	2	2	2	2	2	0			
0	2	2	2	2	6	6	6	6	2	2	2	2	2	2	2	2	2	2	2	2	2	2		
2	2	2	2	2	2	2	2	2	2	2	2	2	2	2	2	2	2	2	2	2	2	2	2	
2	2	2	2	2	2	2	2	2	2	2	2	2	2	2	2	2	2	2	2	2	2	2	2	

0	1	2	3	4	5	6

Did you know?

Plants and seaweed contain a green substance called chlorophyll which allows them to soak up energy from sunlight.

Feeling Hot?

0	1	2	3	4	5

Anchors Away!

Using the completed picture as a guide, shade the blank grid, square by square, and create a matching anchor!

Did you know?

Whistling a tune while you're on a ship is considered to bring strong winds, and bad luck. Stepping on board with your right foot first is said to bring good luck.

Something Out There

0	1	2	3	4	5	6	7	8	9

Did you know? Mars is the the fourth planet from the Sun and the most explored planet outside Earth.

Eat Your Five-a-Day

0	1	2	3	4	5	6	7

Something Blue

Nature Trail

0	1	2	3	4	5	6	7	8

Did you know?

This species is famous from video games and movies, especially as a home for fairies. It is actually often poisonous, so beware!

Incoming Danger

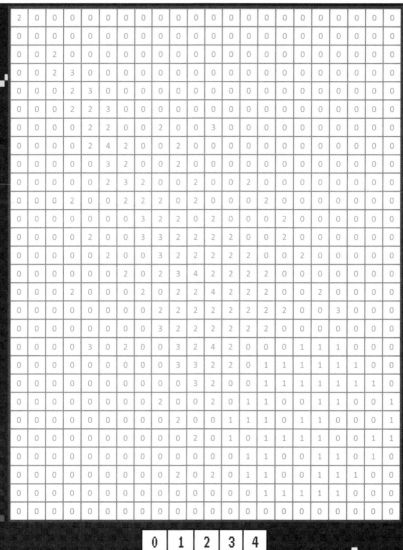

| 0 | 1 | 2 | 3 | 4 |

Did you know?

Asteroids are rocky objects that orbit the Sun. Meteoroids are much smaller and can leave a trail of light across the night sky if they enter Earth's atmosphere and vaporize.

Picture Purr-fect

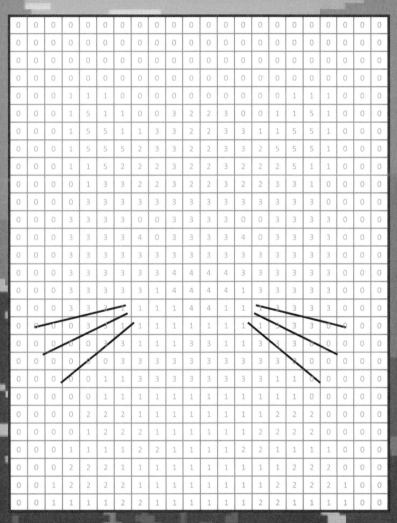

0	1	2	3	4	5

Totally Tropical

0	1	2	3	4	5

Out in the Cold

0	1	2	3	4	5

Deep-Sea Dweller

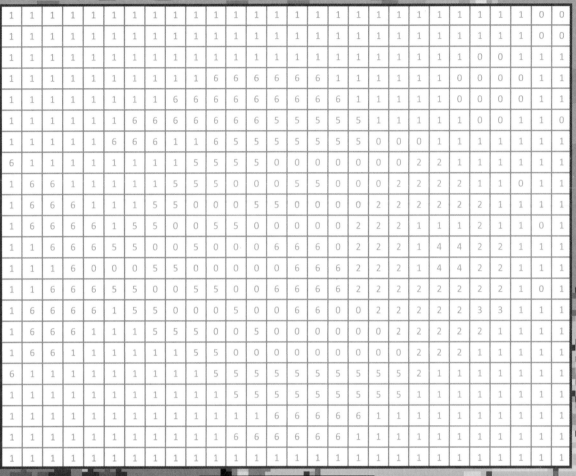

| 0 | 1 | 2 | 3 | 4 | 5 | 6 |

Did you know?

Early versions of this animal have been found as fossils from 500 million years ago—way before dinosaurs existed.

On the Move

```
1 1 1 1 1 1 0 1 0 0 0 0 0 1 1 0 1 0 0 0 1 0 1 1 0 1 1 1 1
1 1 1 1 1 0 0 0 0 0 0 0 0 0 0 0 0 1 0 0 0 0 0 0 0 0 1 1 1
1 1 1 0 0 1 0 0 0 0 0 0 0 0 0 0 0 0 0 0 0 0 0 0 0 0 0 1 1
1 1 0 0 0 0 0 1 0 0 0 0 0 0 0 0 0 0 6 0 0 0 0 0 1 0 0 1
1 0 1 0 1 0 0 0 0 0 0 0 0 0 0 0 0 6 6 0 6 0 0 0 0 0 1
0 0 0 0 0 0 0 2 2 2 2 2 2 2 0 0 6 6 6 6 6 6 6 6 6 0 0 0 0 0
1 0 0 0 0 0 0 0 0 0 0 0 2 2 2 6 6 6 6 6 6 6 6 6 6 6 0 0 1
0 0 4 4 4 4 2 2 2 2 0 0 2 2 2 2 2 2 2 2 2 2 2 2 2 0 0
0 4 4 4 4 4 4 2 3 3 2 2 0 2 3 3 3 2 3 3 3 2 3 3 3 3 2 2 0
0 4 4 4 4 4 4 2 3 3 3 2 0 2 3 3 3 2 3 3 3 2 3 3 3 3 2 2 0
0 4 4 4 4 4 4 2 3 3 3 2 0 2 3 3 3 2 3 3 3 2 3 3 3 3 2 2 0
0 4 4 4 4 4 4 2 3 3 3 2 0 2 3 3 3 2 3 3 3 2 3 3 3 3 2 2 0
0 2 4 4 4 4 4 2 2 2 2 2 0 2 3 3 3 2 3 3 3 2 3 3 3 3 2 2 0
0 2 2 2 2 2 2 2 2 2 2 2 0 2 3 3 3 2 3 3 3 2 3 3 3 3 2 2 0
0 7 2 4 4 2 2 2 2 2 2 2 0 2 3 3 3 2 3 3 3 2 3 3 3 3 2 8 0
0 7 2 2 2 2 4 4 4 2 2 2 0 2 3 3 3 2 3 3 3 3 4 4 4 3 2 8 0
0 4 2 2 2 4 5 5 5 4 2 2 0 2 2 2 2 2 2 2 2 4 5 5 5 4 2 4 0
0 4 4 4 4 5 5 5 5 5 4 4 4 4 4 4 4 4 4 4 5 5 5 5 5 4 4 0
0 4 4 4 4 5 5 0 5 5 4 4 4 4 4 4 4 4 4 4 5 5 0 5 5 4 4 0
0 0 0 0 0 5 5 5 5 5 0 0 0 0 0 0 0 0 0 0 0 5 5 5 5 5 0 0 0
0 0 0 0 0 0 5 5 5 0 0 0 0 0 0 0 0 0 0 0 0 5 5 5 0 0 0 0
6 6 6 6 6 6 6 6 6 6 6 6 6 6 6 6 6 6 6 6 6 6 6 6 6 6 6 6 6
```

Legend: 0 1 2 3 4 5 6 7 8

Grand Dwelling

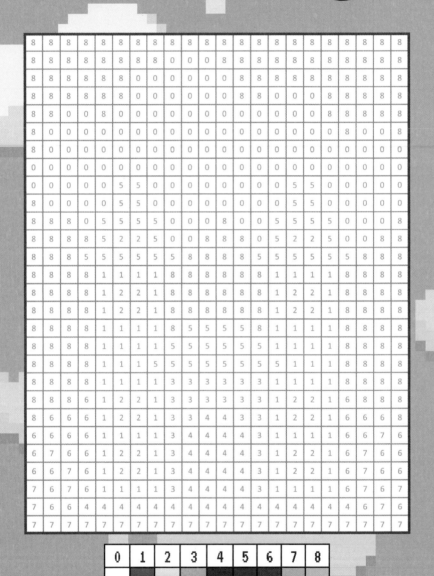

A Tasty Treat

Taking a Swim

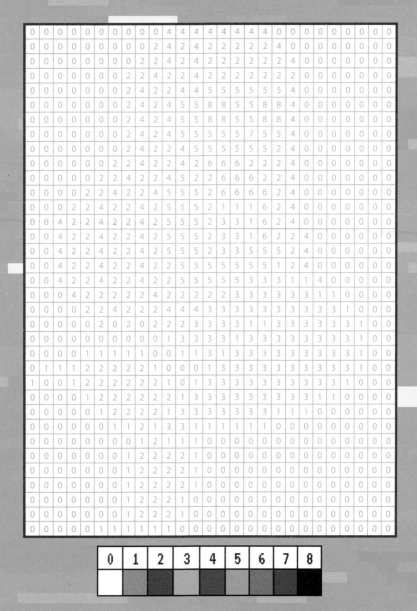

| 0 | 1 | 2 | 3 | 4 | 5 | 6 | 7 | 8 |

Something to Snack On

0	1	2	3	4	5	6

Spooky Squash

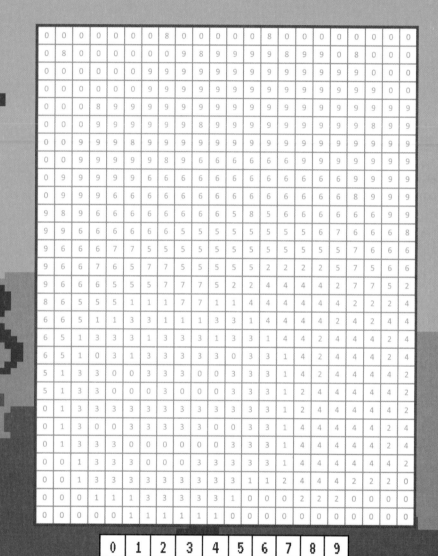

Alien Worlds

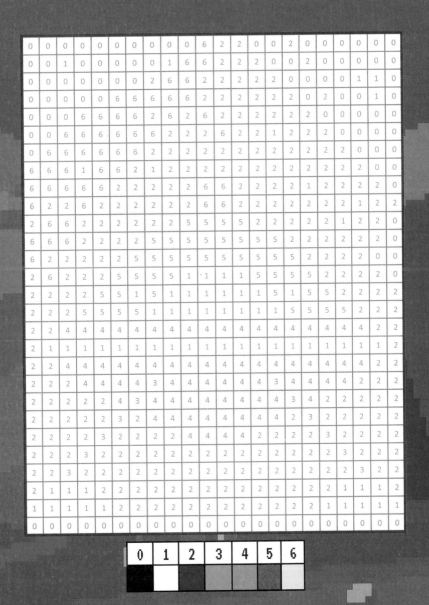

| 0 | 1 | 2 | 3 | 4 | 5 | 6 |

Did you know? Although Mercury is the closest planet to the Sun, it is not the hottest planet in the Solar System. Venus is second-closest, and is the hottest of them all.

A Special Sight

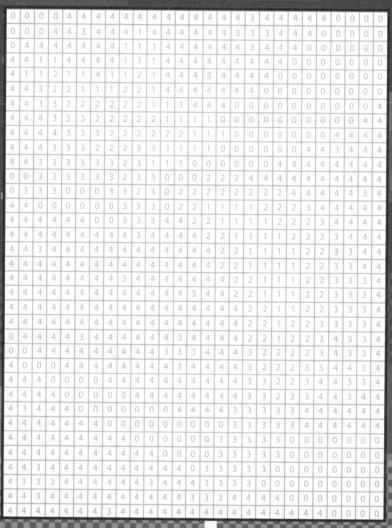

Keep Your Distance

0	1	2	3	4	5	6

Did you know?

These animals have an unusual way of protecting themselves. They can spit venom at anything that comes too close!

The Bear Necessities

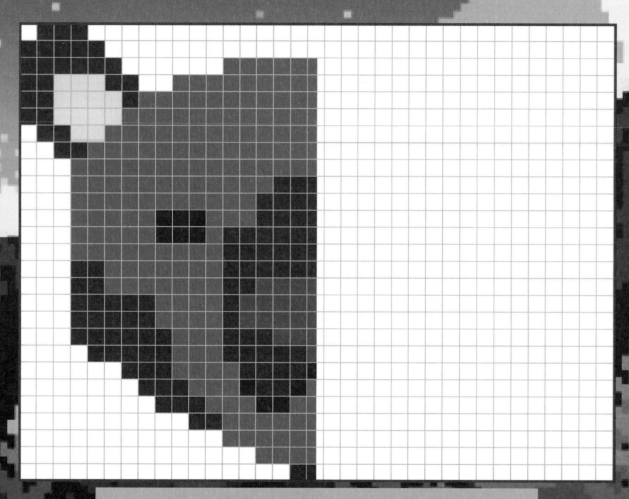

Using the left-hand image as a mirror, shade the right-hand squares to complete this bear.

Did you know?

There are eight species of bear. Sun bears are the smallest, and the largest are polar bears and brown bears.

Feeling Hungry?

0	1	2	3	4	5	6

Brighten Your Day

0	1	2	3	4

Best Foot Forward

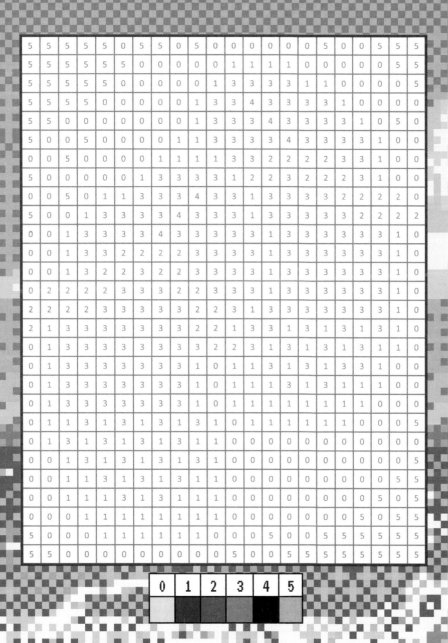

0	1	2	3	4	5

Did you know?

This type of footwear is one of the oldest in the world, worn in hot countries in ancient times. Its modern name was only invented in the 1960s.

Pink Prancer

Did you know?

These animals feed in shallow water, hanging their heads upside down to scoop up shrimps, algae, seeds, and other small plants and animals.

Festive
Fun

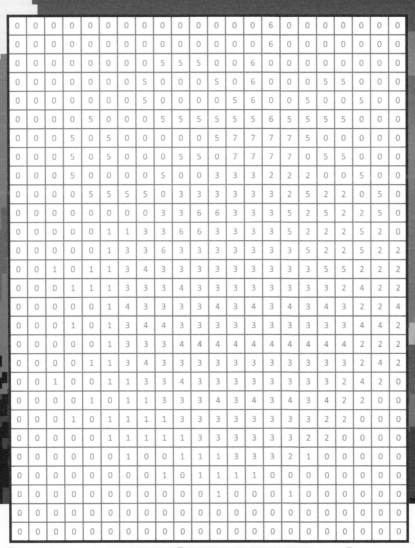

Watery World

In the Pink

| 0 | 1 | 2 | 3 | 4 |

Did you know?

Unlike this friendly cartoon version, this sea-dwelling animal has no eyes, nor does it have a brain, bones, or heart! Yet it can still travel thousands of miles in the water.

Animal Magic

0	1	2	3	4	5	6

Did you know?

The babies of these animals are called kits. They are blind and deaf when they are born. The animals are mostly nocturnal, which means they are active at night.

Making Moves

Let's Dance

0	1	2	3	4	5	6

Follow Me!

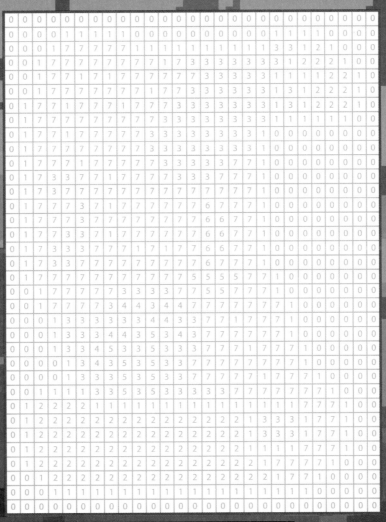

0	1	2	3	4	5	6	7

Did you know?

Ibn Battuta was an explorer over 700 years ago. He spent about 30 years voyaging around the world and covered more than 115,870 km (72,000 miles)!

Petite Pup

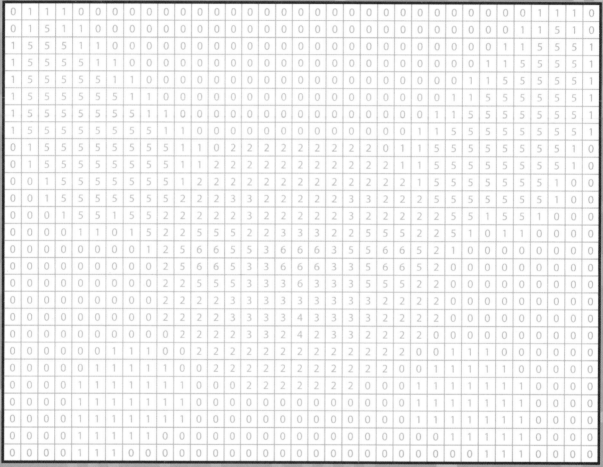

0	1	2	3	4	5	6

Did you know?

This small breed of dog is born with floppy ears that stand up as they grow older. Some puppies' ears never get stiff, though!

Going for a Drive

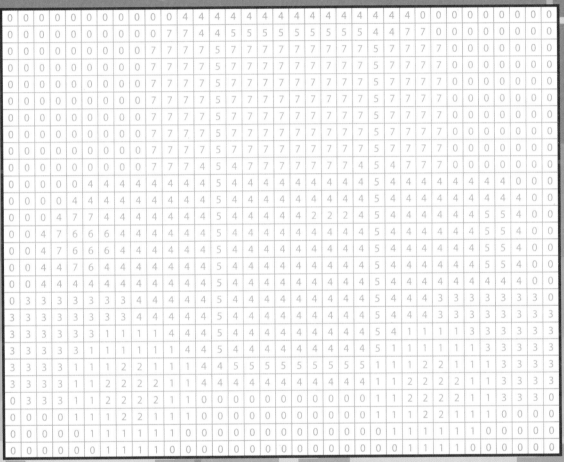

Step Back in Time

0	1	2	3	4

Did you know?

These types of beasts are among the largest animals to have ever lived on land. This giant species was a plant-eater.

What a Superstar!

Very Appealing!

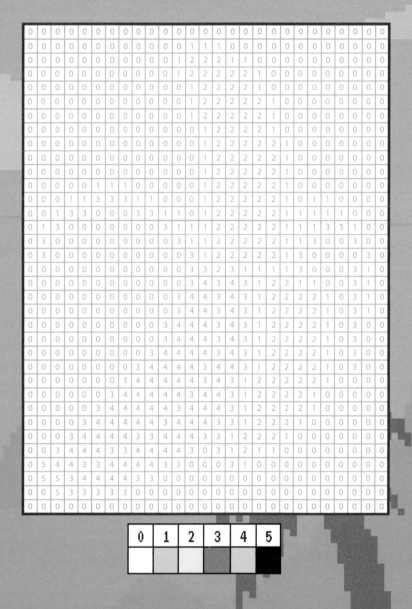

0	1	2	3	4	5

Did you know?

The skin of this popular food is supposed to help stop the pain of bug bites and sunburn. Although people often think the plant on which it grows is a tree, it is actually a giant herb.

A Royal Companion

Big Licks

Say Hello

0	1	2	3	4	5	6

Did you know?

Experts think there are around 7,000 human languages. Some are spoken by millions of people but a few are spoken by just a single person.

Get Moo-ving

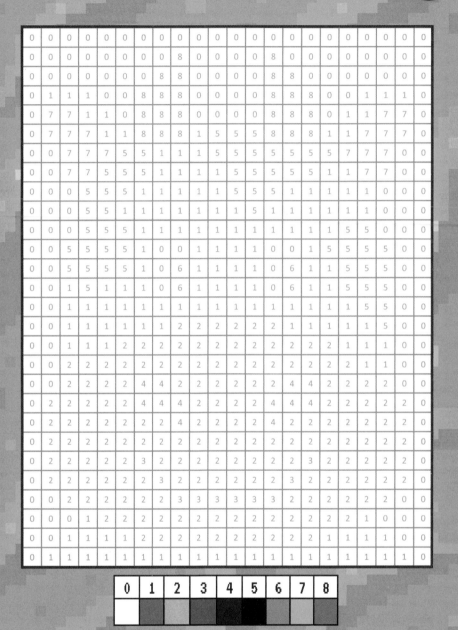

0	0	0	0	0	0	0	0	0	0	0	0	0	0	0	0	0	0	0	0	0	0	0
0	0	0	0	0	0	0	0	8	0	0	0	0	0	8	0	0	0	0	0	0	0	0
0	0	0	0	0	0	0	8	8	0	0	0	0	0	8	8	0	0	0	0	0	0	0
0	1	1	1	0	0	8	8	8	0	0	0	0	0	8	8	8	0	0	1	1	1	0
0	7	7	1	1	0	8	8	8	0	0	0	0	0	8	8	8	0	1	1	7	7	0
0	7	7	7	1	1	8	8	8	1	5	5	5	1	8	8	8	1	1	7	7	7	0
0	0	7	7	7	5	5	1	1	1	1	5	1	1	1	1	5	5	7	7	7	0	0
0	0	7	7	5	5	5	1	1	1	1	1	1	1	1	1	5	5	5	7	7	0	0
0	0	0	5	5	5	5	1	1	1	1	1	1	1	1	1	5	5	5	5	0	0	0
0	0	0	5	5	5	5	1	1	1	1	1	1	1	1	1	5	5	5	5	0	0	0
0	0	0	5	5	5	5	1	1	1	1	1	1	1	1	1	5	5	5	5	0	0	0
0	0	5	5	5	5	5	1	0	0	1	1	1	0	0	1	5	5	5	5	5	0	0
0	0	5	5	5	5	5	1	0	6	1	1	1	6	0	1	5	5	5	5	5	0	0
0	0	1	5	1	1	1	0	6	1	1	1	1	6	0	1	1	5	5	5	0	0	0
0	0	1	1	1	1	1	1	1	1	1	1	1	1	1	1	1	1	5	5	0	0	0
0	0	1	1	1	1	1	1	2	2	2	2	2	2	2	1	1	1	1	5	0	0	0
0	0	1	1	1	2	2	2	2	2	2	2	2	2	2	2	2	1	1	1	0	0	0
0	0	2	2	2	2	2	2	2	2	2	2	2	2	2	2	2	2	2	2	0	0	0
0	0	2	2	2	2	4	4	2	2	2	2	2	2	2	4	4	2	2	2	2	0	0
0	2	2	2	2	2	4	4	4	2	2	2	2	2	4	4	4	2	2	2	2	2	0
0	2	2	2	2	2	2	4	2	2	2	2	2	2	2	4	2	2	2	2	2	2	0
0	2	2	2	2	2	2	2	2	2	2	2	2	2	2	2	2	2	2	2	2	2	0
0	2	2	2	2	2	2	3	2	2	2	2	2	2	2	3	2	2	2	2	2	2	0
0	2	2	2	2	2	2	3	2	2	2	2	2	2	2	3	2	2	2	2	2	2	0
0	0	2	2	2	2	2	2	3	3	3	3	3	3	3	2	2	2	2	2	2	0	0
0	0	0	1	2	2	2	2	2	2	2	2	2	2	2	2	2	2	1	0	0	0	0
0	0	1	1	1	1	2	2	2	2	2	2	2	2	2	2	1	1	1	1	0	0	0
0	1	1	1	1	1	1	1	1	1	1	1	1	1	1	1	1	1	1	1	1	1	0

0	1	2	3	4	5	6	7	8

Did you know?

These common farmyard animals can see almost the whole way around them, except directly in front! They will turn their head to look at you.

Build It Up

Time to Work

0	1	2	3	4	5	6	7

Night Hunter

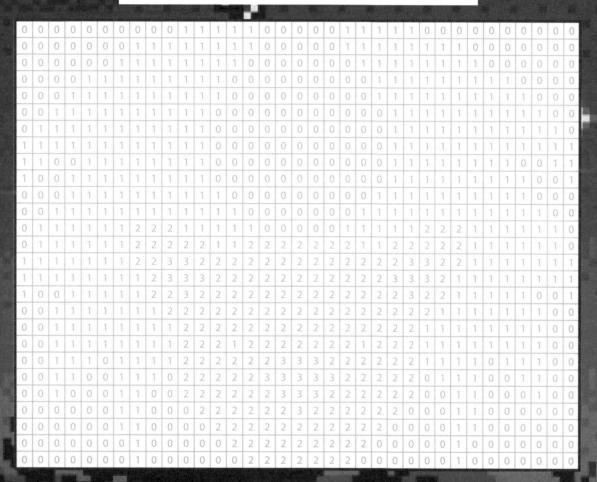

| 0 | 1 | 2 | 3 |

Did you know? These animals are mammals. They are furry and warm-blooded. Around one-fifth of all mammals belong to this group!

Making a Splash

0	0	0	0	0	0	0	0	0	0	0	0	0	0	0	4	4	4	4	4	4	4	4	0	0	0	4	4	4	4
0	0	0	0	2	2	2	2	2	2	4	4	4	4	4	4	4	4	4	4	4	4	4	4	4	4	4	4	4	4
0	0	0	2	1	1	1	1	1	1	1	2	2	4	2	2	2	2	2	4	4	4	4	4	4	4	4	4	4	4
0	0	4	4	2	2	1	1	1	1	2	2	2	1	1	1	1	1	2	2	4	4	4	4	4	4	4	4	4	4
4	4	4	4	4	2	1	2	2	1	1	1	1	1	1	1	1	1	1	1	2	2	4	4	4	4	4	4	4	4
4	4	4	4	4	4	2	1	1	1	1	1	1	1	1	1	1	1	1	1	1	1	1	2	2	4	4	4	4	4
4	4	4	4	4	2	1	1	1	1	1	1	1	1	1	1	1	1	1	1	1	1	1	1	1	2	4	4	4	4
4	4	4	4	4	2	1	1	1	1	1	1	1	1	1	1	1	1	1	1	1	1	1	1	1	1	2	0	0	
4	4	4	4	2	1	1	1	1	1	1	1	1	1	1	1	1	1	1	1	1	1	3	1	1	1	2	0		
4	4	4	2	1	1	1	1	1	1	1	1	1	1	1	1	1	1	1	1	3	3	1	1	2	0				
4	0	2	1	1	1	1	1	1	1	1	1	1	1	1	1	1	1	1	1	1	1	2	0	0					
0	0	2	1	1	1	1	1	1	1	1	1	2	2	2	2	2	1	1	1	1	1	2	0	0					
0	2	1	1	1	1	1	1	1	2	1	1	1	2	2	2	2	2	2	2	1	1	1	2	0	0				
0	2	1	1	1	1	1	1	1	2	1	1	1	2	1	1	2	0	0	2	2	1	1	2	0					
0	2	1	1	1	1	1	1	1	2	1	1	1	1	2	1	1	2	0	0	0	2	2	2	0					
0	2	1	1	1	1	1	1	2	2	1	1	1	2	1	1	1	2	0	0	0	0	0	0						
0	2	1	1	1	1	1	1	2	0	0	2	1	2	0	2	1	2	0	0	0	0	4	4	0	0				
0	2	1	1	1	1	1	1	2	0	0	2	1	2	0	2	2	0	0	0	0	4	4	4	4	4				
4	2	1	1	1	1	1	2	0	0	0	2	2	0	0	0	0	0	0	4	4	4	4	4	4					
4	4	2	1	1	1	1	2	0	0	0	0	0	0	0	0	0	0	0	0	4	4	4	4	4					
4	4	2	1	1	1	1	2	0	0	0	0	0	0	0	0	0	0	0	0	0	4	4	4	4					
4	4	4	2	1	1	1	2	4	4	4	0	0	4	4	0	0	0	0	0	0	0	0	0	0					
4	4	4	2	1	1	1	2	4	4	4	4	4	4	4	0	0	0	0	0	0	0	0	0	0					
4	4	4	4	2	1	1	1	2	4	4	4	4	4	4	4	0	0	0	0	0	0	0	0	0					
4	4	4	4	2	1	1	1	2	2	2	2	2	4	4	4	4	0	0	0	4	4	4	4	4					
4	4	4	4	4	2	2	1	1	1	1	1	2	2	4	4	4	4	4	4	4	4	4	4	4					
4	4	4	4	4	2	1	1	2	2	1	1	1	1	1	2	4	4	4	4	4	4	4	4	4					
0	0	4	4	2	1	1	1	1	1	2	2	2	2	2	4	4	4	4	4	4	4	4	4	4					
0	0	0	2	1	1	1	1	2	2	4	4	4	4	4	4	4	4	4	4	4	4	4	4	4					
0	0	0	2	1	1	1	1	2	4	4	4	4	4	4	4	4	4	4	4	4	4	4	4	4					
0	0	0	2	1	1	1	2	4	4	4	4	4	4	4	4	4	4	4	4	4	4	4	4	4					
0	0	0	0	2	1	1	2	0	0	0	4	4	0	4	0	4	4	4	4	4	4	4	4	4					
0	0	4	4	4	2	2	0	0	0	0	0	0	0	0	0	4	0	0	4	4	4	4	4	4					
4	4	4	4	4	4	4	0	0	0	0	0	0	0	0	0	0	0	0	0	0	0	0	4	4					
4	4	4	4	4	4	4	4	4	0	0	4	4	0	0	0	0	0	0	0	0	0	0	4	4					

Color key: 0 · 1 · 2 · 3 · 4

Did you know?

These animals eat a lot of fish. They gobble the fish down headfirst, so the spines don't get stuck in their throat.

From Me to You

Into Space

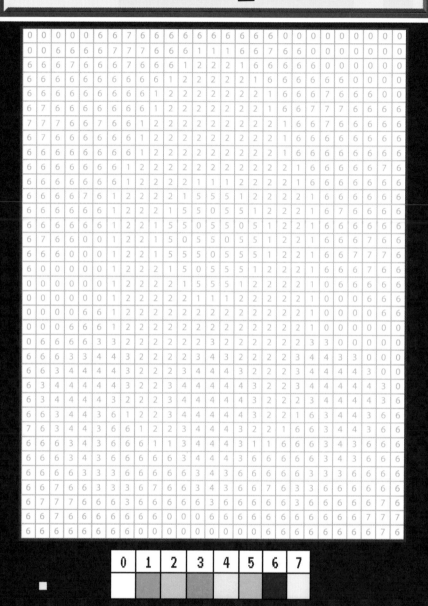

| 0 | 1 | 2 | 3 | 4 | 5 | 6 | 7 |

Did you know?

Three NASA space probes have flown beyond the edges of our Solar System. They are still sending information back to scientists on Earth.

Juicy Fruit

0	1	2	3	4	5

Floating Free

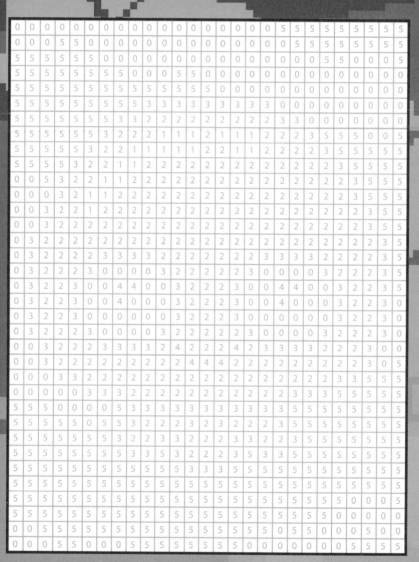

Up, Up, and Away

0	1	2	3	4	5	6	7

Did you know?

The clouds, wind, and other weather are all created in the Earth's atmosphere. The atmosphere is divided into five different layers.

A Place in the Country

0	1	2	3	4	5	6	7	8

Bugging Out

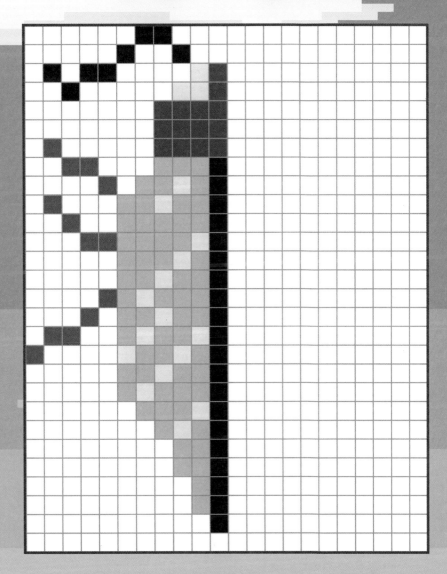

Using the left-hand image as a mirror, shade the
right-hand squares to finish the beetle.

Did you know?

Beetles are one of the most common types of insect. They have
six legs, a pair of wings, and hard wing cases on their back.

Black Magic

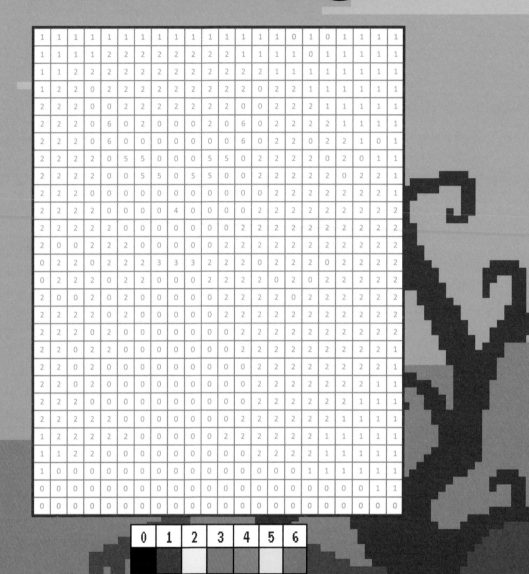

| 0 | 1 | 2 | 3 | 4 | 5 | 6 |

Time for a Treat

Tickle Your Tastebuds

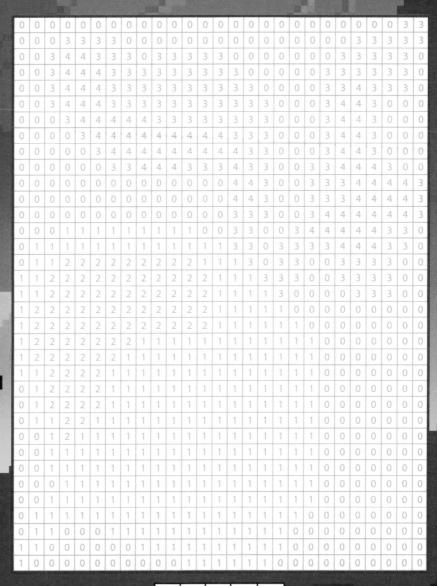

0	1	2	3	4

Little Squirt

0	1	2	3	4	5

Did you know?

The head of this animal has a special part called the melon that helps it to find its way using echolocation.

So Corny

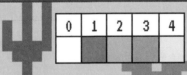

Did you know?

This plant can be cooked and eaten or made into a whole range of foods. It can also be turned into fuel, oil, syrup, paper, soap, and paint.

Ocean Meadow

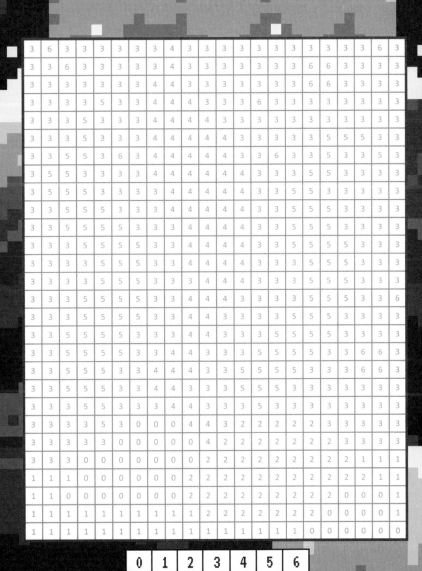

0	1	2	3	4	5	6

Galactic Friends

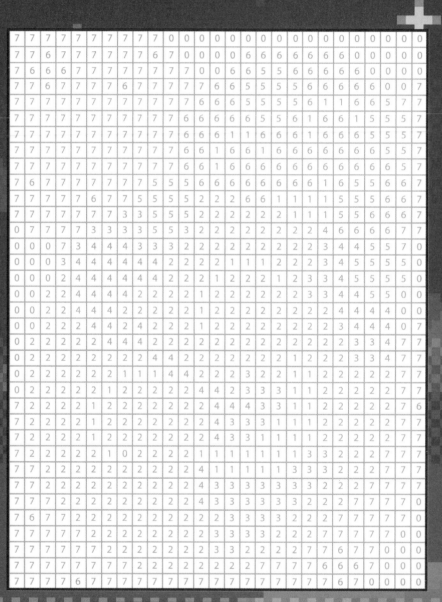

Creature of the Deep

Did you know?

This animal's unusual feature helps it to track down its preferred food—stingrays.

Botanic Beauty

Let's Explore

2	2	2	2	2	2	2	2	2	2	2	2	2	2	2	2	2	2	2	2	2	2	2	2	2	2	2	2	2
2	2	2	2	2	2	2	2	2	2	2	2	2	2	2	2	2	2	2	2	2	2	2	2	2	2	2	2	2
2	2	2	2	2	2	2	2	3	3	3	3	3	3	3	3	3	2	2	2	2	2	2	2	2	2	2	2	2
2	2	2	2	2	2	2	3	3	3	3	3	3	3	3	3	3	2	2	2	2	2	2	2	2	2	2	2	2
2	2	2	2	2	2	3	3	6	6	6	6	6	6	6	6	3	3	2	2	2	2	2	2	2	2	2	2	2
2	2	2	2	2	6	6	6	6	6	6	6	6	6	6	6	6	6	6	2	2	2	2	2	2	2	2	2	2
2	2	2	6	6	6	6	6	6	5	5	5	5	5	5	5	6	6	6	2	2	2	2	2	2	2	2	2	2
2	2	2	6	6	6	6	5	5	5	5	5	5	5	5	5	5	6	6	6	2	2	2	2	2	2	2	2	2
2	2	2	6	6	5	5	5	3	3	3	3	3	3	5	5	5	6	6	2	2	2	2	2	2	2	2	2	2
2	2	6	6	5	5	5	3	3	3	3	3	3	3	3	5	5	5	6	6	2	2	2	2	2	2	2	2	2
2	2	6	6	6	5	5	3	3	3	7	7	7	3	3	5	5	6	6	6	2	2	2	2	2	2	2	2	2
2	2	6	6	6	5	5	3	3	7	7	7	7	7	3	3	5	6	6	6	2	2	2	2	2	2	2	2	2
2	2	6	6	6	5	5	3	7	7	2	7	2	7	7	5	5	6	6	6	2	2	2	2	2	2	2	2	2
2	2	6	6	6	5	5	5	7	7	7	7	7	7	5	5	5	6	6	6	2	2	2	2	2	2	2	2	2
2	2	2	6	6	6	5	5	5	5	5	5	5	5	5	6	6	6	2	2	2	2	2	2	2	2	2	2	2
2	2	2	6	6	6	6	5	5	5	5	5	5	5	6	6	6	6	2	2	2	2	2	2	2	2	2	2	2
2	2	1	6	6	6	6	6	6	6	6	6	6	6	6	6	6	1	2	2	2	2	2	2	2	2	2	2	2
2	2	1	1	6	6	6	6	6	6	6	6	6	6	6	6	1	1	2	2	2	2	2	2	2	2	2	2	2
2	2	1	1	6	6	6	6	6	6	6	6	6	6	6	6	1	1	2	2	2	2	2	2	2	2	2	2	2
1	1	1	1	5	5	5	5	5	5	5	5	5	5	5	5	5	1	1	1	2	2	2	2	2	2	2	2	2
1	1	1	1	1	4	4	4	4	4	4	4	4	4	4	4	1	1	1	1	1	2	2	2	2	2	2	2	2
1	1	1	1	2	2	4	4	4	4	4	4	4	4	4	2	2	1	1	1	1	2	2	2	2	2	2	2	2
1	1	1	2	2	2	3	3	3	3	3	3	3	3	3	2	2	2	1	1	1	2	2	2	2	2	2	2	2
1	1	1	2	2	2	3	3	3	3	3	3	3	3	2	2	2	2	1	1	1	2	2	2	2	2	2	2	2
2	1	1	2	2	2	2	2	2	2	2	2	2	2	2	2	2	2	0	1	1	0	2	2	2	2	2	2	2
0	0	1	0	0	0	2	0	0	0	0	0	2	0	0	2	2	0	1	0	0	2	2	2	2	2	2	2	2
0	0	0	0	0	0	0	0	0	0	0	0	0	0	0	0	0	0	0	0	0	2	2	2	2	2	2	2	2

0	1	2	3	4	5	6	7

Pretty as a Picture

Big Beast

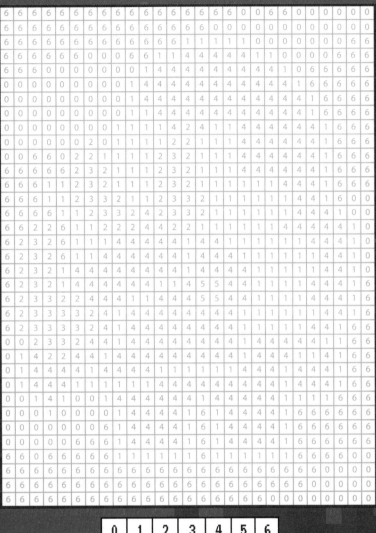

0	1	2	3	4	5	6

Did you know?

This animal had such a big head, its skull measured one third of the length of its whole body.

Bits and Bots

```
0 0 0 0 0 0 0 0 0 0 0 0 0 0 0 0 0 0 0 0 0 0 0 0 0 0 0 0
0 0 0 0 0 5 0 0 0 0 0 0 0 0 0 0 0 0 0 0 5 0 0 0 0 0 0 0
0 0 0 0 0 0 5 0 0 0 6 6 6 6 6 0 0 0 5 0 0 0 0 0 0 0 0 0
0 0 0 0 0 0 0 5 6 6 6 6 6 6 6 6 6 6 5 0 0 0 0 0 0 0 0 0
0 0 0 0 0 0 0 6 6 6 6 6 6 6 6 6 6 6 6 6 0 0 0 0 0 0 0 0
0 0 0 0 0 6 6 6 2 2 6 6 6 6 2 2 6 6 6 6 0 0 0 0 0 0 0 0
0 0 0 0 6 6 6 6 0 2 6 6 6 6 0 2 6 6 6 6 6 0 0 0 0 0 0 0
0 0 0 0 6 6 6 6 6 6 6 6 6 6 6 6 6 6 6 6 6 0 0 0 0 0 0 0
0 0 0 6 6 6 6 6 6 7 6 6 6 6 7 6 6 6 6 6 6 6 0 0 0 0 0 0
0 0 0 6 6 6 6 6 6 6 7 7 7 7 6 6 6 6 6 6 6 6 0 0 0 0 0 0
0 0 0 6 6 6 6 6 6 6 6 6 6 6 6 6 6 6 6 6 6 6 0 0 0 0 0 0
0 0 0 0 0 0 3 3 3 3 3 0 0 3 3 3 3 3 0 0 0 0 0 0 0 0 0 0
0 0 0 0 0 0 3 3 3 3 3 3 3 3 3 3 3 3 3 0 0 0 0 0 0 0 0 0
0 0 0 0 0 1 1 1 1 1 1 1 1 1 1 1 1 1 1 1 1 0 0 0 0 0 0 0
0 0 0 0 0 1 1 1 1 1 1 1 5 1 1 5 1 1 1 1 1 1 0 0 0 0 0 0
0 0 0 6 1 1 1 1 1 1 1 1 1 1 1 1 1 1 1 1 1 6 0 0 0 0 0 0
0 6 0 1 1 1 1 3 3 3 5 5 3 3 3 1 1 1 1 0 6 0 0 0 0 0 0 0
0 6 0 1 1 1 1 1 1 1 1 1 1 1 1 1 1 1 1 0 6 0 0 0 0 0 0 0
0 6 0 1 1 1 1 1 2 1 2 1 1 2 1 2 1 1 1 0 6 0 0 0 0 0 0 0
0 6 0 3 1 1 1 1 2 1 2 2 1 2 1 1 1 3 0 6 0 0 0 0 0 0 0 0
4 4 0 3 3 1 5 0 5 0 5 5 0 5 0 5 1 3 3 0 4 4 0 0 0 0 0 0
4 4 0 3 3 1 1 1 1 1 1 1 1 1 1 1 1 3 3 0 4 4 0 0 0 0 0 0
0 0 0 3 3 3 1 1 1 1 1 1 1 1 1 1 3 3 3 0 0 0 0 0 0 0 0 0
0 0 0 0 0 2 2 0 0 0 0 0 0 0 0 2 2 0 0 0 0 0 0 0 0 0 0 0
0 0 0 0 0 2 2 0 0 0 0 0 0 0 0 2 2 0 0 0 0 0 0 0 0 0 0 0
0 0 0 0 1 1 1 1 0 0 0 0 0 0 1 1 1 1 0 0 0 0 0 0 0 0 0 0
0 0 0 1 1 1 1 1 1 0 0 0 0 1 1 1 1 1 1 0 0 0 0 0 0 0 0 0
0 0 0 0 0 0 0 0 0 0 0 0 0 0 0 0 0 0 0 0 0 0 0 0 0 0 0 0
```

0	1	2	3	4	5	6	7

Homeward Bound

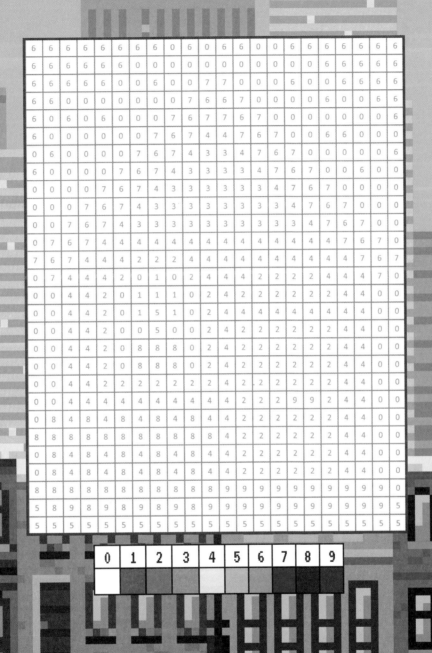

Happy Halloween

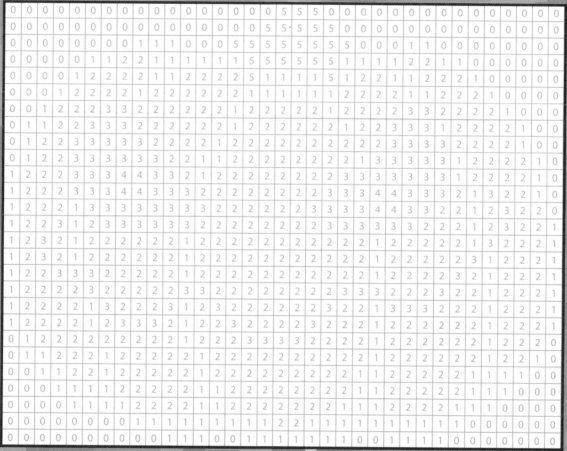

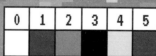

Did you know?

The flickering of the flame placed inside a Jack-o'-lantern or Halloween pumpkin was once believed to scare away ghosts and spirits.

Four-Legged Friend

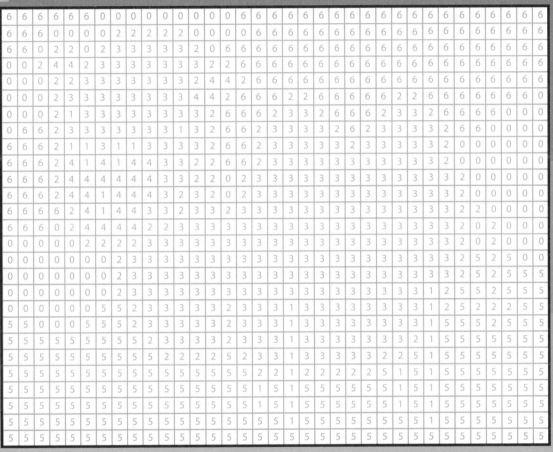

0	1	2	3	4	5	6

Dig In!

0	1	2	3	4	5	6	7

Saving Lives

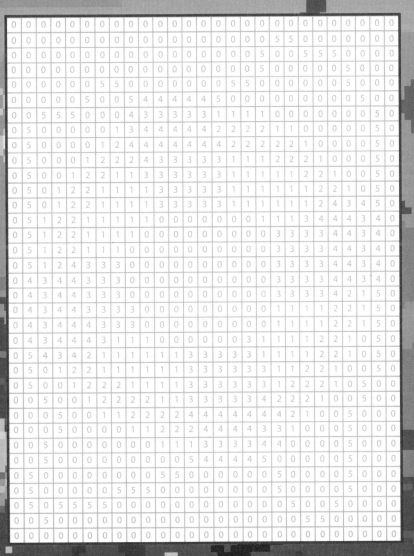

0	1	2	3	4	5

Did you know?

If you fall in the water, the best way to float is to lie on your back, spread your arms and legs, and tip your chin upward.

On Display

Quench Your Thirst

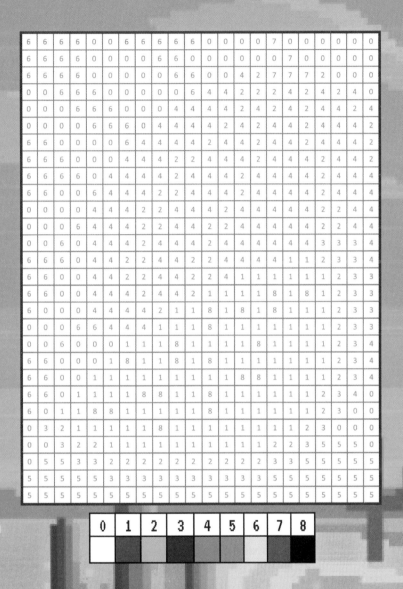

6	6	6	6	0	0	6	6	6	6	6	6	0	0	0	0	7	0	0	0	0	0	0	0
6	6	6	6	0	0	0	0	6	6	6	0	0	0	0	0	0	7	0	0	0	0	0	0
6	6	6	6	0	0	0	0	0	6	6	6	0	0	4	2	7	7	7	2	0	0	0	0
0	0	6	6	6	0	0	0	0	0	6	4	4	2	2	2	4	2	4	2	4	0	0	
0	0	0	6	6	6	6	0	0	0	4	4	4	4	4	2	4	2	4	2	4	4	2	4
0	0	0	0	6	6	6	6	0	4	4	4	4	4	2	4	2	4	4	2	4	4	4	2
6	6	0	0	0	0	6	4	4	4	4	2	4	2	4	4	2	4	4	4	2	4	4	2
6	6	6	0	0	0	4	4	4	2	2	4	4	4	2	4	4	4	4	2	4	4	4	
6	6	6	0	0	4	4	4	4	2	4	4	4	4	2	4	4	4	4	2	4	4	4	
6	6	0	0	6	4	4	4	2	2	4	4	4	2	4	4	4	4	2	4	4	4		
0	0	0	0	4	4	4	2	2	4	4	4	2	4	4	4	4	2	2	4	4			
0	0	0	6	4	4	4	2	2	4	4	2	4	4	4	4	4	2	2	4	4			
0	0	6	0	4	4	4	2	4	4	4	4	4	4	4	4	4	3	3	3	4			
6	6	6	0	4	4	2	2	4	4	2	4	4	4	4	1	1	2	3	3	4			
6	6	6	0	4	4	2	2	4	4	2	2	4	1	1	1	1	1	2	3	3			
6	6	0	0	4	4	4	2	4	4	2	1	1	1	1	8	1	8	1	2	3	3		
6	0	0	0	4	4	4	4	2	1	8	1	8	1	8	1	1	1	2	3	3	3		
0	0	0	6	6	4	4	4	1	1	1	8	1	1	1	1	1	1	2	3	3	3		
0	0	6	0	0	0	1	1	1	8	1	1	1	8	1	1	1	1	2	3	4			
6	6	0	0	0	1	8	1	1	8	1	8	1	1	1	1	1	1	2	3	4			
6	6	0	0	1	1	1	1	1	1	1	1	1	8	8	1	1	1	2	3	4			
6	6	0	1	1	1	1	8	8	1	1	8	1	1	1	1	1	2	3	4	0			
6	0	1	1	8	8	1	1	1	1	1	8	1	1	1	1	1	2	3	0	0			
0	3	2	1	1	1	1	1	8	1	1	1	1	1	1	1	2	3	0	0	0			
0	0	3	2	2	1	1	1	1	1	1	1	1	1	1	2	2	3	5	5	5	0		
0	5	5	3	3	2	2	2	2	2	2	2	2	2	2	3	3	5	5	5	5	5		
5	5	5	5	5	3	3	3	3	3	3	3	3	3	3	3	5	5	5	5	5	5		
5	5	5	5	5	5	5	5	5	5	5	5	5	5	5	5	5	5	5	5	5	5		

0	1	2	3	4	5	6	7	8

Did you know?

At least half of your bodyweight is made up of water. It is important to stay hydrated so you don't feel unwell.

Future Friend

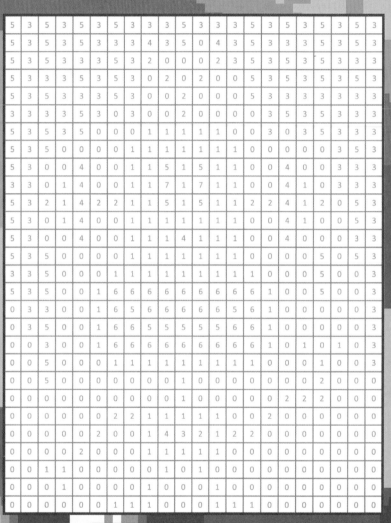

0	1	2	3	4	5	6	7

Winged Warrior

0	1	2	3	4	5	6	7

Did you know?

These birds can eat one fifth of their own bodyweight each day. Their droppings can be used as fertilizer on farms.

Hatching Out

0	1	2	3	4	5	6	7	8

Waiting for the Rain

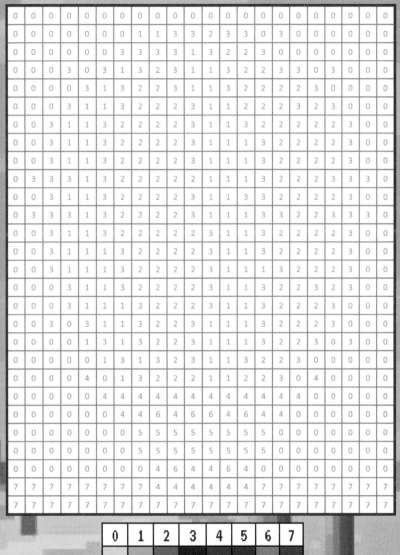

| 0 | 1 | 2 | 3 | 4 | 5 | 6 | 7 |

Did you know?

Plants soak up water from the soil. It can escape through their leaves, so desert plants have tiny leaves or spines instead so less evaporates into the air.

Food To Go

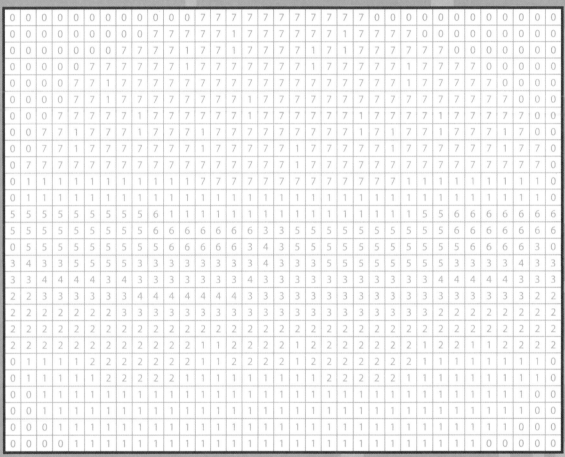

0	1	2	3	4	5	6	7

SOLUTIONS

PAGE 4: Monkey

PAGE 5: Bus

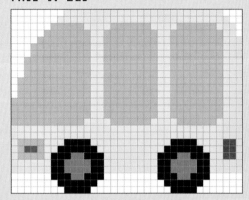

PAGE 6: Fish

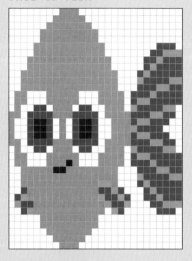

PAGE 7: Astronaut

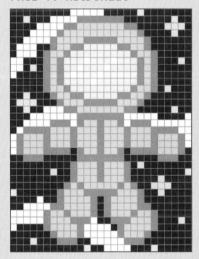

PAGE 8: Building

PAGE 9: Houseplants

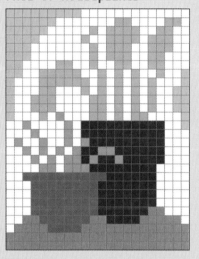

PAGE 10: Popsicle

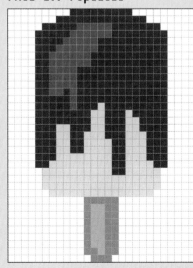

PAGE 11: Anchor

PAGE 12: Spaceships

PAGE 13: Plum

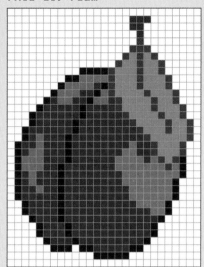

PAGE 14: Flower

PAGE 15: Toadstools

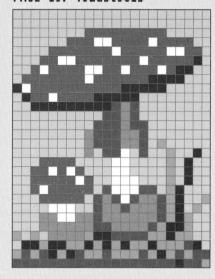

PAGE 16: Meteoroid

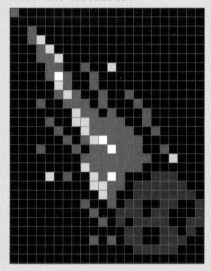

PAGE 17: Cat

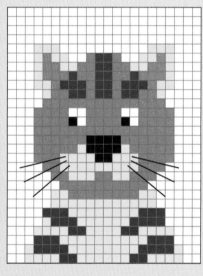

PAGE 18: Carambola (star fruit)

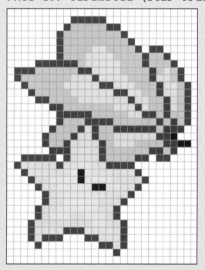

PAGE 19: Penguin

PAGE 20: Fish

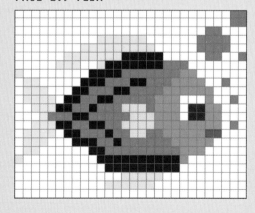

PAGE 21: Truck

PAGE 22: Castle

PAGE 23: Ice-cream sundae

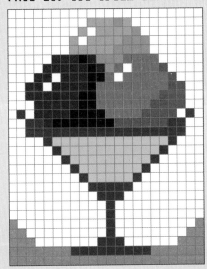

PAGE 24: Mermaid

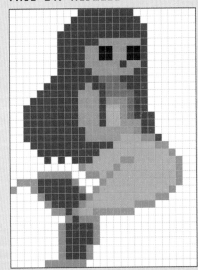

PAGE 25: Cherries

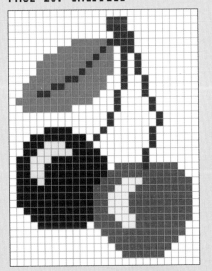

PAGE 26: Jack-o'-lantern

PAGE 27: Spaceship

PAGE 28: Shooting star

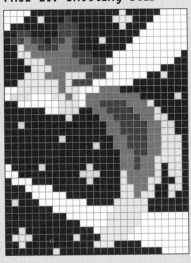

PAGE 29: Cobra

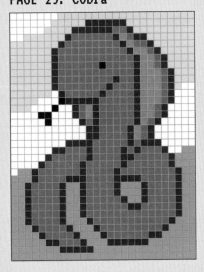

PAGE 30: Bear

PAGE 31: Hotdog

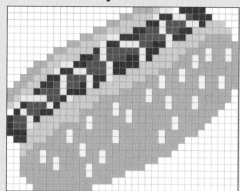

PAGE 32: Vase of flowers

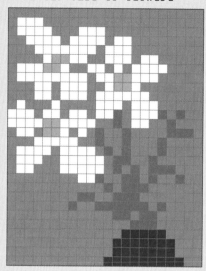

PAGE 33: Flip-flops

PAGE 34: Flamingo

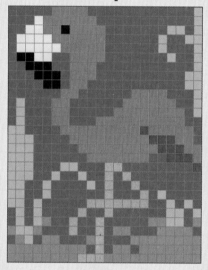

PAGE 35: Bauble

PAGE 36: Lotus flowers

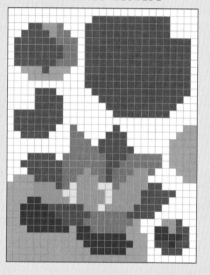

PAGE 37: Jellyfish

PAGE 38: Raccoon

PAGE 39: Truck

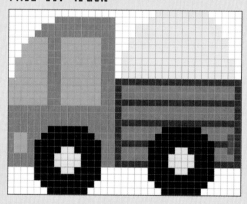

PAGE 40: Robot

PAGE 41: Treasure map

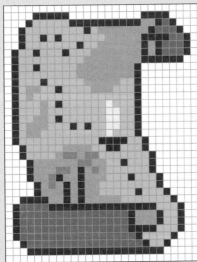

PAGE 42: Chihuahua

PAGE 43: Car

PAGE 44: Dinosaur (*Barosaurus*)

PAGE 45: Starfish

PAGE 46: Banana

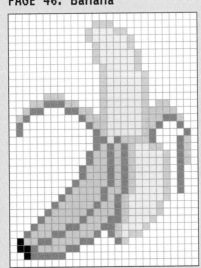

PAGE 47: Corgi

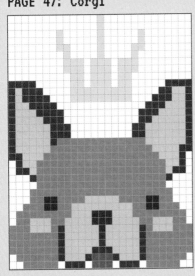

PAGE 48: Lollipops

PAGE 49: Alien

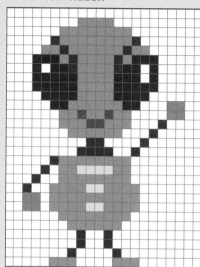

PAGE 50: Cow

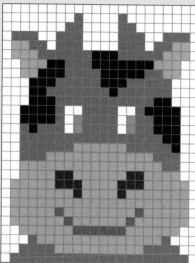

PAGE 51: House

PAGE 52: Tractor

PAGE 53: Bat

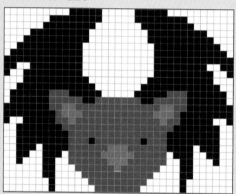

PAGE 54: Dolphin

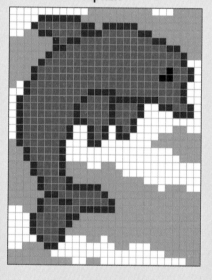

PAGE 55: Rose

PAGE 56: Rocket

PAGE 57: Apricots

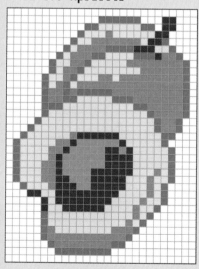

PAGE 58: Jellyfish

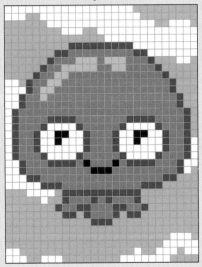

PAGE 59: Hot-air balloon

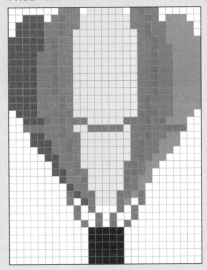

PAGE 60: House

PAGE 61: Beetle

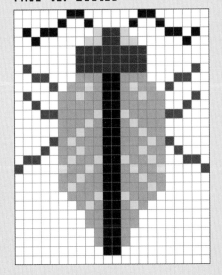

PAGE 62: Black cat

PAGE 63: Cream cake

PAGE 64: Beet

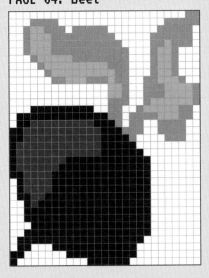

PAGE 65: Whale

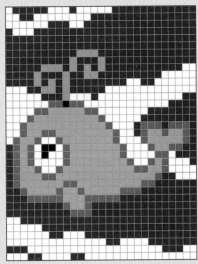

PAGE 66: Corn

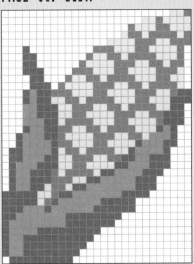

PAGE 67: Seaweed

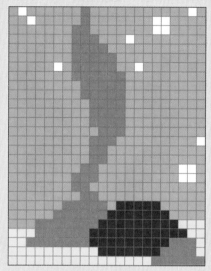

PAGE 68: Earth and Moon

PAGE 69: Hammerhead shark

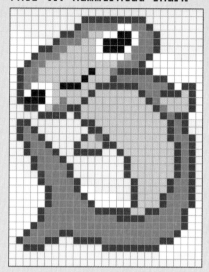

PAGE 70: Pot plant

PAGE 71: Alien spaceship

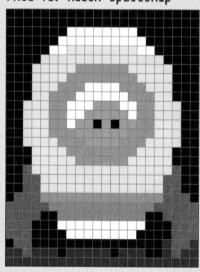

PAGE 72: Mermaid

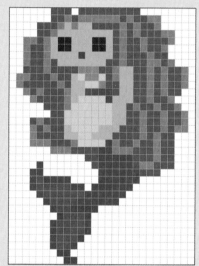

PAGE 73: Dinosaur (*Triceratops*)

PAGE 74: Robot

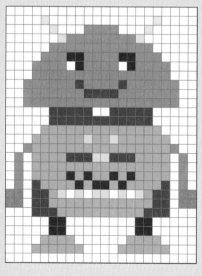

PAGE 75: House

PAGE 76: Jack-o´-lantern

PAGE 77: Camel

PAGE 78: Ice-cream sundae

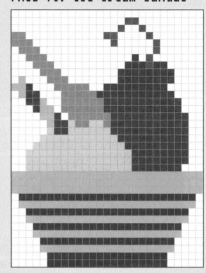

PAGE 79: Ring buoy

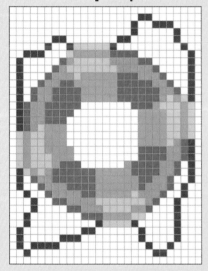

PAGE 80: Plant in a vase

PAGE 81: Watermelon

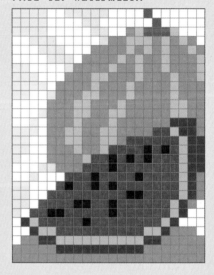

PAGE 82: Robot

PAGE 83: Gull

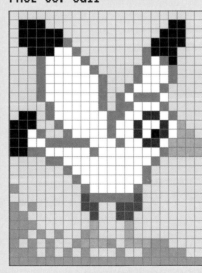

PAGE 84: Dinosaur hatchling

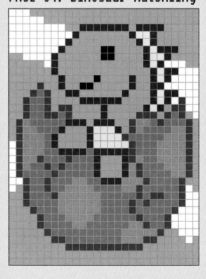

PAGE 85: Cactus

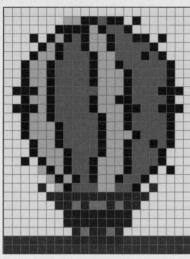

PAGE 86: Hamburger

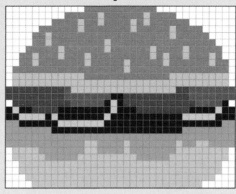